산은 산이요
물은 물이로다

이 책에 실린 글들은 성철스님께서
조계종 종정에 취임하신 후 열반하실 때까지 종정으로서
불자들에게 전해주신 법어입니다.

■ **일러두기**

이 책의 초판본은 성철 큰스님의 종정법어, 초파일법어, 신년법어 등 주제에 따라 순서를 정해 편집하였으나, 개정판에서는 연도순으로 구분하여 편집하였음을 알려드립니다.

산은 산이요
물은 물이로다

퇴옹 성철
지음

장경각

산은 산이요
물은 물이로다

차 례

1981년	산은 산이요 물은 물이로다	·7
	모든 생명을 부처님과 같이	·8
	천지는 나와 같은 뿌리요	·10
1982년	영원한 광명 속에서	·13
	자기를 바로 봅시다	·16
1983년	축복의 물결	·20
	중도가 부처님	·24
	참다운 불공	·28
1984년	광명을 바로 보자	·32
	나를 해치는 상대를 먼저 도웁시다	·36
	진리를 사모하고 참답게 삽시다	·40
1985년	평화가 넘쳐흐르는 세계	·46
	거룩한 부처님	·50

1986년	붉은 해가 높이 뜨니	·53
	생신을 축하합니다	·57
	시비와 선악이 본래 공하고	·61
1987년	영원한 종소리	·63
	사탄의 거룩한 본 모습	·67
1988년	남을 돕는 것이 나를 돕는 것	·72
	인간은 모두 지고지선한 존재이니	·74
	발 아래를 보고 발 아래를 보라	·78
1989년	일체 중생의 행복을 축하합니다	·81
	통일을 바라며	·85
	부처님은 항상 지옥에 계십니다	·88
	유등의 참뜻은 무명의 타파에 있으니	·93
1990년	본마음	·97
	일체를 존경합시다	·103
	장엄한 세계를 보라	·105
1991년	일체는 융화요, 만법은 평등	·112
1992년	칠흑 같은 어둠 사라지고	·117
1993년	이웃에게 기쁜 마음으로 자비를	·120
	더불어 사는 세상을 만들자	·123

산은 산이요 물은 물이로다

– 1981년 1월 20일, 대한불교조계종 제7대 종정수락 법어

원각圓覺이 보조普照하니

적寂과 멸滅이 둘이 아니라

보이는 만물은 관음觀音이요

들리는 소리는 묘음妙音이라

보고 듣는 이 밖에 진리가 따로 없으니

아아, 시회대중示會大衆은 알겠는가?

산은 산이요 물은 물이로다.

모든 생명을 부처님과 같이

— 1981년 음 4월 8일, 초파일법어

모든 생명을 부처님과 같이 존경합시다.

만법의 참모습은
둥근 햇빛보다 더 밝고
푸른 허공보다 더 깨끗하여
항상 때 묻지 않습니다.

악하다 천하다 함은 겉보기뿐,
그 참모습은 거룩한 부처님과
추호도 다름이 없어서,
일체가 장엄하여 일체가 숭고합니다.

그러므로 천하게 보이는 파리, 개미나
악하게 날뛰는 이리, 호랑이를
부처님과 같이 존경하여야 하거늘,
하물며 같은 무리인 사람들끼리는
더 말할 것도 없습니다.

살인·강도 등 극악 죄인을
부처님과 같이 공경할 때
비로소 생명의 참모습을 알고
참다운 생활을 하는 것입니다.

이리하여 광대한 우주를 두루 보아도
부처님 존재 아님이 없으며,
부처님 나라 아님이 없어서,
모든 불행은 자취도 찾아볼 수 없고
오직 영원한 행복이 있을 뿐입니다.

우리 서로 모든 생명을 부처님과 같이 존경합시다.

천지는 나와 같은 뿌리요

- 1981년 6월 28일, 정초우 총무원장 취임식 법어

천지는 나와 같은 뿌리요
만물은 나와 같은 몸입니다.

천지 사이에 만물이 많이 있지만은
나 외엔 하나도 없습니다.

그리하여
남을 도우는 것은 나를 도우는 것이며,
남을 해치는 것은 나를 해치는 것입니다.

누구든지 나를 해치고자 하는 이는
아무도 없을 것입니다.

이 이치를 깊이 깨달아
나를 위하여 끝없이 남을 도웁시다.

바위 틈 돌호랑이 일어서서 소리치니
허공이 무너지고 바닷물이 말라버렸네.
크게 웃고 돌아서서 먼 곳을 바라보니
붉은 산호가지마다 달빛이 찬란하다

영원한 광명 속에서

– 1982년 1월 1일, 신년법어

동녘 하늘에서 오색구름이 열리고,
둥근 새해가 찬란한 빛을 놓으니
우주의 모든 생명이
환희와 영광에 가득 차 있습니다.

만법이 불법 아님이 없고,
만사가 불사 아님이 없어서
높은 산, 흐르는 강은
미묘한 법문을 설하고,
나는 새, 기는 짐승은
무한한 행복을 노래하고 있습니다.

악한 사람, 착한 사람 모두
부처님의 모습이요,
맑은 물, 탁한 물 모두
자비의 줄기이니
온 세상에 훈훈한 봄바람이 넘치고 있습니다.

섰는 곳, 앉은 자리가
금 방석 옥 걸상 아님이 없어서,
우리 모두가
원래로 아름다운 풍월 흥겨운 장단 속에서
춤추고 있습니다.

눈을 들어 앞을 바라봅시다.

끝없는 광명이 우주를 비춰서 항상 빛나고 있으니,
우주 자체가 광명입니다.

이 영원한 광명 속에서 서로 손을 맞잡고
앞으로 앞으로 힘차게 나아갑시다.

눈 앞에는 평화와 자유,
환희와 영광이 있을 뿐입니다.

들판에 가득 찬 황금물결은
우리 생활의 곳집이요,
공장을 뒤흔드는 기계소리는
우리 앞날의 희망입니다.

우리 모두 두 손을 높이 모아
이렇듯 신비한 대자연 속 아름다운 강산에서
춤추며 노래하여 모든 생명들을 축복합시다.

자기를 바로 봅시다

– 1982년 음 4월 8일, 초파일법어

자기를 바로 봅시다.
자기는 원래 구원되어 있습니다.
자기가 본래 부처입니다.
자기는 항상 행복과 영광에 넘쳐 있습니다.
극락과 천당은 꿈속의 잠꼬대입니다.

자기를 바로 봅시다.
자기는 시간과 공간을 초월하여
영원하고 무한합니다.
설사 허공이 무너지고 땅이 없어져도
자기는 항상 변함이 없습니다.
유형有形, 무형할 것 없이

우주의 삼라만상이 모두 자기입니다.
그러므로 반짝이는 별, 춤추는 나비 등등이
모두 자기입니다.

자기를 바로 봅시다.
모든 진리는 자기 속에 구비되어 있습니다.
만약 자기 밖에서 진리를 구하면,
이는 바다 밖에서 물을 구함과 같습니다.

자기를 바로 봅시다.
자기는 영원하므로 종말이 없습니다.
자기를 모르는 사람은
세상의 종말을 걱정하며
두려워하여 헤매고 있습니다.

자기를 바로 봅시다.
자기는 본래 순금입니다.
욕심이 마음의 눈을 가려
순금을 잡철로 착각하고 있습니다.

나만을 위하는 생각은 버리고
힘을 다하여 남을 도웁시다.
욕심이 자취를 감추면 마음의 눈이 열려서,
순금인 자기를 바로 보게 됩니다.

자기를 바로 봅시다.
아무리 헐벗고 굶주린 상대라도
그것은 겉보기일 뿐,
본모습은 거룩하고 숭고합니다.
겉모습만 보고 불쌍히 여기면,
이는 상대를 크게 모욕하는 것입니다.
모든 상대를 존경하며 받들어 모셔야 합니다.

자기를 바로 봅시다.
현대는 물질만능에 휘말리어
자기를 상실하고 있습니다.
자기는 큰 바다와 같고 물질은 거품과 같습니다.
바다를 봐야지 거품은 따라 가지 않아야 합니다.

자기를 바로 봅시다.

부처님은

이 세상을 구원하러 오신 것이 아니요,

이 세상이 본래 구원되어 있음을

가르쳐 주려고 오셨습니다.

이렇듯 크나큰 진리 속에서 살고 있는 우리는

참으로 행복합니다.

다 함께 길이길이 축복합시다.

축복의 물결

– 1983년 1월 1일, 신년법어

맑은 하늘 고요한 새벽에

황금빛 수탉이

소리 높이 새해를 알리니,

천문만호天門萬戶가 일시에 활짝 열리며

축복의 물결이

성난 파도처럼 집집마다 밀려듭니다.

아버지 어머니 복 많이 받으십시오.

앞집의 복동아 뒷집의 수남아 새해를 노래하세.

마루 밑 멍멍이도 우리 속 꿀꿀이도

기뻐 날뛰며 춤을 춥니다.

행복은 원래 시공을 초월하고
시공을 포함하니,
이 행복의 물결은 항상 우주에 넘쳐 있습니다.

높은 산꼭대기에 우뚝 서 있는 바위도,
깊은 골짜기에 흘러내리는 시냇물도
다 같이 입을 열어 행복을 크게 외치고 있습니다.

반짝이는 별들도,
훨훨 나는 새들도 함께 노래하며
새해를 축복합니다.

이 거룩한 현실을 바로 봅시다.
선악의 시비는 허황한 분별일 뿐이요,
현실의 참모습은
영원하고 무한한
절대의 진리 위에 서 있습니다.

모순과 갈등은 그림자도 찾아볼 수 없으며,

평화와 자유로 수놓은 행복의 물결이
항상 넘쳐흐르는 탕탕무애한 광명이
가득 차 있습니다.

봄에는 오색이 찬란한 꽃동산에
귀여운 우리 어린이가 뛰놀며,
가을에는 붉게 물든 단풍이 우거진 곳에서
할아버지 할머니 흥겨워 춤을 춥니다.

이렇듯 날마다 설날이며, 곳곳마다 들놀이니
이는 끝없이 계속되는 참모습의 세계입니다.

어허! 이 무슨 장관인가.
붉은 해는 지고 둥근 달이 떠오른다.

중도가 부처님

– 1983년 음 4월 8일, 초파일법어

중도中道가 부처님이니

중도를 바로 알면 부처님을 봅니다.

중도는 중간, 또는 중용이 아닙니다.

중도는 시비선악 등과 같은

상대적 대립의 양쪽을 버리고

그의 모순, 갈등이 상통하여 융합하는

절대의 경지입니다.

시비선악 등의

상호 모순된 대립, 투쟁의 세계가

현실의 참모습으로 흔히 생각하지만

이는 허망한 분별로 착각된 거짓 모습입니다.

우주의 실상은
대립의 소멸과 그 융합에 있습니다.
시비가 융합하여
시가 즉 비요, 비가 즉 시이며,
선악이 융합하여
선이 즉 악이요, 악이 즉 선이니
이것이 원융무애한 중도의 진리입니다.

자연계뿐만 아니라 우주 전체가
모를 때에는 제각각으로 보이지마는
알고 보면 모두 일체一體입니다.

착각된 허망한 분별인 시비선악 등을
고집하여 버리지 않으면
상호 투쟁은 늘 계속되어 끝이 없습니다.

만법이 혼연융합한

중도의 실상을 바로 보면,
모순과 갈등, 대립과 투쟁은
자연히 소멸되고
융합자재한 일대단원一大團圓이 있을 뿐입니다.

악한과 성인이 일체一體이며,
너는 틀리고 나는 옳다 함이 한 이치이니,
호호탕탕한 자유세계에서
어디로 가나 웃음뿐이요,
불평불만은 찾아볼 수 없습니다.

대립이 영영소멸된 이 세계에는
모두가 중도 아님이 없어서
부처님만으로 가득 차 있으니,
이 중도실상中道實相의 부처님세계가
우주의 본 모습입니다.

우리는 본래로 평화의 꽃이 만발한
크나큰 낙원에서 살고 있습니다.

시비선악의 양쪽을 버리고
융합자재한 이 중도실상을 바로 봅시다.

여기에서 우리는 영원한 휴전을 하고
절대적 평화의 고향으로 돌아갑니다.
삼라만상이 일제히 입을 열어
중도를 노래하며 부처님을 찬양하는
이 거룩한 장관 속에서
손에 손을 맞잡고 다같이 행진합시다.

참다운 불공

- 1983년 5월. 어버이날 기념 종정법어

집집마다 부처님이 계시니
부모님입니다.
내 집 안에 계시는 부모님을
잘 모시는 것이 참 불공입니다.

거리마다 부처님이 계시니
가난하고 약한 사람들입니다.
이들을 잘 받드는 것이 참 불공입니다.

발 밑에 기는 벌레가 부처님입니다.
보잘 것 없어 보이는 벌레들을
잘 보살피는 것이 참 불공입니다.

머리 위에 나는 새가 부처님입니다.
날아다니는 생명들을 잘 보호하는 것이
참 불공입니다.

넓고 넓은 우주, 한없는 천지의 모든 것이
다 부처님입니다.
수없이 많은 이 부처님께
정성을 다하여 섬기는 것이 참 불공입니다.

이리 가도 부처님 저리 가도 부처님,
부처님을 아무리 피하려고 하여도
피할 수가 없으니
불공의 대상은 무궁무진하여
미래겁이 다하도록 불공을 하여도
끝이 없습니다.

이렇듯 한량없는 부처님을 모시고
항상 불공을 하며 살 수 있는 우리는
행복합니다.

법당에 계시는 부처님께
한없는 공양구를 올리고 불공하는 것보다,
곳곳에 계시는 부처님들을
잘 모시고 섬기는 것이
억천만배 비유할 수 없이 더 복이 많다고
석가세존은 가르쳤습니다.

이것이 불보살의 큰 서원이며
불교의 근본입니다.

우리 모두 이렇듯 거룩한 법을 가르쳐주신
석가세존께 깊이 감사하며
항상 불공으로 생활합시다.

광명을 바로 보자

- 1984년 1월 1일, 신년법어

눈부신 태양이
푸른 허공에 높이 솟으니,
우주에 무한하고 영원한
광명이 넘쳐 있습니다.

천당 지옥과 성인 악한이
그 본래면목은 다같이
광명덩어리입니다.

삼라만상이 하나도 광명 아님이 없으니
나는 새, 기는 벌레, 흐르는 물, 섰는 바위가
항상 이 광명을 크게 발하여,

일체가 서로서로 비추어
참으로 거룩하고 무서운 장관을 이루고 있습니다.

아무리 불행하게 보이는 존재라도
광명이 가득 차 있으니,
모두는 참으로 행복한 존재입니다.

이 광명은 청황흑백 등
일체 색상이 끊어졌으나,
일체 색상 자체가 광명입니다.

이 광명은 과거, 현재, 미래의 삼세를 초월하여,
우주가 창조되기 전에도
항상 있었으며
우주가 소멸된 후에도
항상 그대로입니다.

이 광명은 삼라만상 일체가 입이 되어
억 천만년이 다하도록 설명하여도

그 모습은 추호도 설명할 수 없으니
신기하고도 신기합니다.

이 광명은 마음의 눈으로만 볼 수 있으니
아무리 정교한 현미경이나 망원경으로도
볼 수 없습니다.

지식만능은 물질만능 못지않게
큰 병폐입니다.
인간 본질을 떠난 지식과 학문은
깨끗하고 순진한 인간 본래의 마음을 더럽혀서
인간을 타락하게 하기 일쑤입니다.

인간의 본래마음은 허공보다 깨끗하여
부처님과 조금도 다름이 없으나
진면목을 발휘하려면
삿된 지식과 학문을 크게 버려야 합니다.

아무리 좋은 보물도

깨끗한 거울 위에서는 장애가 되고,
거울 위에 먼지가 쌓일수록
거울이 더 어두워짐과 같이
지식과 학문이 쌓일수록
마음의 눈은 더욱더 어두워집니다.

우리 모두 마음의 눈을 가리는
삿된 지식과 학문을 아낌없이 버리고,
허공보다 깨끗한 본래의 마음으로 돌아가서
마음의 눈을 활짝 열고
이 광명을 뚜렷이 바로 봅시다.

나를 해치는 상대를 먼저 도웁시다

- 1984년 음 4월 8일, 초파일법어

이것이 있으므로 저것이 있고

이것이 생기므로 저것이 생긴다.

이것이 없으므로 저것이 없고

이것이 죽으므로 저것이 죽는다.

이는 두 막대기가 서로 버티고 섰다가

이쪽이 넘어지면 저쪽이 넘어지는 것과 같다.

일체 만물은

서로서로 의지하여 살고 있어서,

하나도 서로 관련되지 않은 것이 없다는

이 깊은 진리眞理는

부처님께서 크게 외치는

연기緣起의 법칙이니

만물은 원래부터 한 뿌리이기 때문입니다.

그리하여 이쪽을 해치면

저쪽은 따라서 손해를 보고,

저쪽을 도우면

이쪽도 따라서 이익을 받습니다.

남을 해치면 내가 죽고,

남을 도우면 내가 사는 것은 당연한 일입니다.

이러한 우주의 근본진리를 알면

남을 해치려고 해도 해칠 수가 없습니다.

참으로 내가 살고 싶거든 남을 도웁시다.

내가 사는 길은 오직 남을 돕는 것밖에 없습니다.

아무리 상반된 처지에 있더라도

생존을 위해서는 침해와 투쟁을 버리고

서로 도와야 합니다.

물과 불은 상극된 물체이지만,
물과 불을 함께 조화롭게 이용하는 데서
우리 생활의 기반이 서게 됩니다.

동생동사同生同死, 동고동락同苦同樂의
대 진리를 하루빨리 깨달아서
모두가 침해의 무기를 버리고,
우리의 모든 힘을 상호협조에 경주하여
서로 손을 맞잡고 서로 도우며 힘차게 전진하되
나를 가장 해치는 상대를 제일 먼저 도웁시다.

그러면 평화와 자유로 장엄한 이 낙원에
영원한 행복의 물결이 넘쳐흐를 것입니다.

화창한 봄 날 푸른 잔디에
황금빛 꽃사슴 낮잠을 자네.

진리를 사모하고 참답게 삽시다

– 1984년, 종정법어

생명이 약동하는 봄입니다.

영겁의 윤회 속에서도
여린 싹은 어김없이 언 땅을 헤집고
저마다의 아름다움을 잉태합니다.

그러나 태어난 존재는 없어져야 한다는
평범한 현상은
우주의 변할 수 없는 섭리입니다.
무상한 관계 속에서
일체 만물은
생성과 소멸을 거듭합니다.

인연이라는 매듭에 얽혀

서로의 관계를 유지하기 때문에

모든 생명은 상의상자相依相資의

연기성緣起性 속에 있습니다.

그러나 이기와 독선이 뿜어대는 공해가

지금의 우리 시대를

어둡게 만들어 가고 있습니다.

우리는 언제부터인가

'나'만의 이윤을 탐하고

'나'만의 안일을 추구해 왔습니다.

만약 우리가

연기라는 사상성의 토대 위에 선다고 하면

결코

다른 이의 희생을 강요하는

비리를 저지르지는 않을 것입니다.

생명은 결코
서로를 학대할 권리를 지니지 못했습니다.
오히려 연민과 조화 위에 서로를 아끼는
공존의 지혜를 밝히는 일이야말로
생명의 당위일 것입니다.

지금 이 순간에도
닫혀진 편견의 다툼은
다른 이를 미워하며,
해치고자 하는 무서운 몰이해의 장벽을
쌓아가고 있습니다.

서로를 이해하려는 노력이
이 시대의 지배적 경향으로
전개되어질 수 있는 것이야말로
불자된 이의 책무이며 긍지일 수 있습니다.

부처님은 그 점을 가르치고자 오셨으며,
영원의 미래에서도

그것을 가르치실 것입니다.

평화와 자유는
결코
반목과 질시로 얻어질 수 없습니다.

대립은 투쟁을 낳고
투쟁은 멸망을 낳습니다.
미움은 결코 미움으로 지워질 수 없습니다.

지극한 자비의 도리가
실현되어야 할 소이가 여기에 있습니다.

생명의 물결이
그윽한 마음의 원천에서
비롯되었다는 믿음,
그리고 그 마음이라는 동질성 위에
모든 생명이 하나일 수 있다는 확신이
우리를 희망에 용솟음치게 합니다.

지금 우리는 지구라고 하는 정류소에
머물고 있는 나그네입니다.

그러나 그곳을 아름답게 가꾸느냐
아니면 파경으로 이끄느냐 하는
자유 선택의 의지 여하에 따라서
우리는 주인공이 될 수 있습니다.

만약 우리가 무명의 사슬에 얽혀
덧없는 유전을 거듭한다면
그것은 우리의 미래를
스스로 어둡게 하는 일입니다.

반면에 슬픔의 예토를
장엄정토로 승화시키는
간곡한 의지의 집약은
희망의 내일을 기약하게 하는
척도가 될 것입니다.

진리를 사모하고
참답게 살려는 노력을 경주하는 이들에게
부처님의 가르침은 언제나 열려 있습니다.

우리가 그 분께 묻고 가르침을 구할 때,
부처님은 언제나
우리 곁에 계시는 것입니다.

이 시대의 아프고 그늘진 곳에
그 분의 크신 자비광명이
두루 하시기를 간곡히 기원합니다.

화창한 봄날 푸른 잔디 위에
황금빛 꽃사슴 낮잠을 자네.

평화가 넘쳐흐르는 세계

- 1985년 1월 1일, 신년법어

허공보다 넓고 바다보다 깊고 깨끗한
우리들의 마음속에
둥근 해가 높이 떠올라
삼라만상을 밝게 비추니,
거룩한 세계가 눈앞에 펼쳐져 있습니다.

황금으로 성을 쌓고
백옥으로 땅을 덮어
기화요초奇花搖草 만발한데
진금이수珍禽異獸들이 즐겁게 춤을 춥니다.

평화와 자유로써 모든 세계 장엄하여,

고통은 아주 없고 행복만이 꽉 찼으니
극락, 천당 빛을 잃고 부처님도 할 말이 없습니다.

개개가 영원이며
물물이 무한하고, 탕탕무애자재하여
시공을 초월하고 시공을 포함하니,
신비한 이 세계를
무어라 형용할지 말문이 막힙니다.

푸른 물결 속에 붉은 불기둥 솟아나며,
험한 바위 달아나고,
나무 장승 노래하니 참으로 장관입니다.

성인과 악마는 부질없는 이름이니,
공자와 도척이 손을 맞잡고
태평성세를 축복합니다.

이는 허황한 환상이 아니요,
일체의 참모습이니

눈을 감고 앉아서
어둡다고 탄식하는 사람들이여!
광명의 문은 항상 열려 있습니다.

대립과 투쟁은 영원히 사라지고
평화만이 넘쳐흐르는 이 세계를
눈을 들어 역력히 바라보며 함께
찬양합시다.

거룩한 부처님

- 1985년 음 4월 8일, 초파일법어

부처님의 몸은 광대무변廣大無邊하여

시방十方세계에 꽉 차서 없는 곳이 없으니

저 가없는 허공도

대해大海 중의 좁쌀 하나와 같이 작습니다.

부처님의 수명은 영원무궁하여

우주가 생기기 전에도,

우주가 없어진 후에도

항상 계셔서

과거가 곧 미래요, 미래가 곧 현재입니다.

부처님의 능력은 신묘불측神妙不測하여

상대의 욕망에 따라

천변만화千變萬化 무수한 형태로

몸을 나투어

일체를 이익하게 하며 쉬지 않습니다.

부처님의 광명은 기묘난사奇妙難思하여

이 광명 속에서는

설사 백천일월百千日月이 일시에 비추어도

대낮의 촛불만도 못합니다.

부처님의 지혜는 무사자연無師自然이니,

우주의 근본을 통찰하고

생명의 천연泉淵을 요달了達하여

일체의 진리와 정도를 개시開示합니다.

부처님의 자비는 무장무애無障無碍하여

오물 중의 미충微蟲을 부처로 모시며

철천의 원수를 부모로 섬기고

남을 위하여서는 모든 것을 아끼지 않으며,

자기 목숨까지도 기꺼이 버려서
일체에 뻗치는 따뜻한 손길은 바쁘고도 바쁩니다.

이렇듯 거룩한 부처님의 모습은
천상천하天上天下의 먼지들이
낱낱이 입이 되어 억만년동안 찬탄하여도
그 만 분의 일도 형용할 수 없습니다.

이는 석가만의 특징이 아니요,
일체에 평등하여 유형무형이
전부 완비하여 있으니
참으로 부사의중 부사의不思議中 不思議입니다.

우리 모두 마음의 눈을 활짝 열어
이 거룩한 모습을 역력히 바라보며
길이길이 찬양합시다.

붉은 해가 높이 뜨니

– 1986년 1월 1일, 신년법어

캄캄한 밤중에 붉은 해가 높이 떠서
우주를 밝게 비추니,
서 있는 바위 좋아라고 덩실덩실 춤을 춥니다.

펄펄 끓는 용광로에
차디찬 맑은 물이 넘쳐흘러 천지에 가득 차니,
마른 나무 꽃이 피어 울긋불긋 자랑합니다.

노담과 공자 손을 잡고
석가와 예수 발을 맞추어
뒷동산과 앞뜰에서 태평가를 합창하니,
성인·악마聖人·惡魔 사라지고

천당·지옥天堂·地獄 흔적조차 없습니다.

장엄한 법당에는 아멘소리 진동하고
화려한 교회에는 염불소리 요란하니,
검다·희다 시비 싸움 꿈속의 꿈입니다.

길게 뻗친 만리장성은
거품 위의 장난이요,
웅대한 천하통일은
어린이의 희롱이니,
나 잘났다고 뽐내며 정신없이 날뛰는 사람들이여,
칼날 위의 춤을 멈추소서.

일체의 본모습은
유무를 초월하고, 유무를 포함하여
물심이 융화하며
피아가 상통합니다.
설사 허공이 무너지고
대해가 다 말라도

항상 변함없이 안전하고 자유롭습니다.

끊임없는 욕심에 눈이 가리워
항상 빛나는 본모습을 보지 못하고
암흑세계를 헤매며
엎치락뒤치락 참담한 비극이 계속되고 있으니
참으로 안타까운 노릇입니다.

욕심에 가려져 있는 본모습은
먼지가 덮여 있는 구슬과 같아서,
먼지가 아무리 쌓여도 구슬은 변함없으니
먼지만 닦아내면
본래 깨끗하고 아름다운 구슬은
천추만고에 찬란하게 빛이 납니다.

허망한 꿈속의 욕심을 용감하게 버리고
영원한 진리인 본모습을 빨리 봅시다.
눈부신 광명과 끊임없는 환호 소리가
산천을 뒤흔들고 있습니다.

높은 하늘에 반짝이는 별들을 벗삼아서
황금병의 감로수를 백옥잔에 가득 부어
마시고 또 마시며 다함께 찬양합시다.

생신을 축하합니다

– 1986년 음 4월 8일, 초파일법어

교도소에서 살아가는 거룩한 부처님들,
오늘은 당신네의 생신이니 축하합니다.

술집에서 웃음 파는 엄숙한 부처님들,
오늘은 당신네의 생신이니 축하합니다.

밤하늘에 반짝이는 수없는 부처님들,
오늘은 당신네의 생신이니 축하합니다.

꽃밭에서 활짝 웃는 아름다운 부처님들,
오늘은 당신네의 생신이니 축하합니다.

구름 되어 둥둥 떠 있는 변화무쌍한 부처님들,
바위 되어 우뚝 서 있는 한가로운 부처님들,
오늘은 당신네의 생신이니 축하합니다.

물속에서 헤엄치는 귀여운 부처님들,
허공을 훨훨 나는 활발한 부처님들,
교회에서 찬송하는 경건한 부처님들,
법당에서 염불하는 청수한 부처님들,
오늘은 당신네의 생신이니 축하합니다.

넓고 넓은 들판에서 흙을 파는 부처님들,
우렁찬 공장에서 땀 흘리는 부처님들,
자욱한 먼지 속을 오고 가는 부처님들,
고요한 교실에서 공부하는 부처님들,
오늘은 당신네의 생신이니 축하합니다.

천지는 한 뿌리요, 만물은 한 몸이라.
일체가 부처님이요, 부처님이 일체이니
모두가 평등하며 낱낱이 장엄합니다.

이러한 부처님의 세계는 모든 고뇌를 초월하여
지극한 행복을 누리며 곳곳이
불가사의한 해탈도량이니 신기하고도 신기합니다.

입은 옷은 각각 달라 천차만별이지만
변함없는 부처님의 모습은 한결같습니다.

자비의 미소를 항상 머금고
천둥보다 더 큰소리로 끊임없이 설법하시며
우주에 꽉 차 계시는 모든 부처님들,
나날이 좋을시고 당신네의 생신이니
영원에서 영원이 다하도록
서로 존경하며 서로 축하합시다.

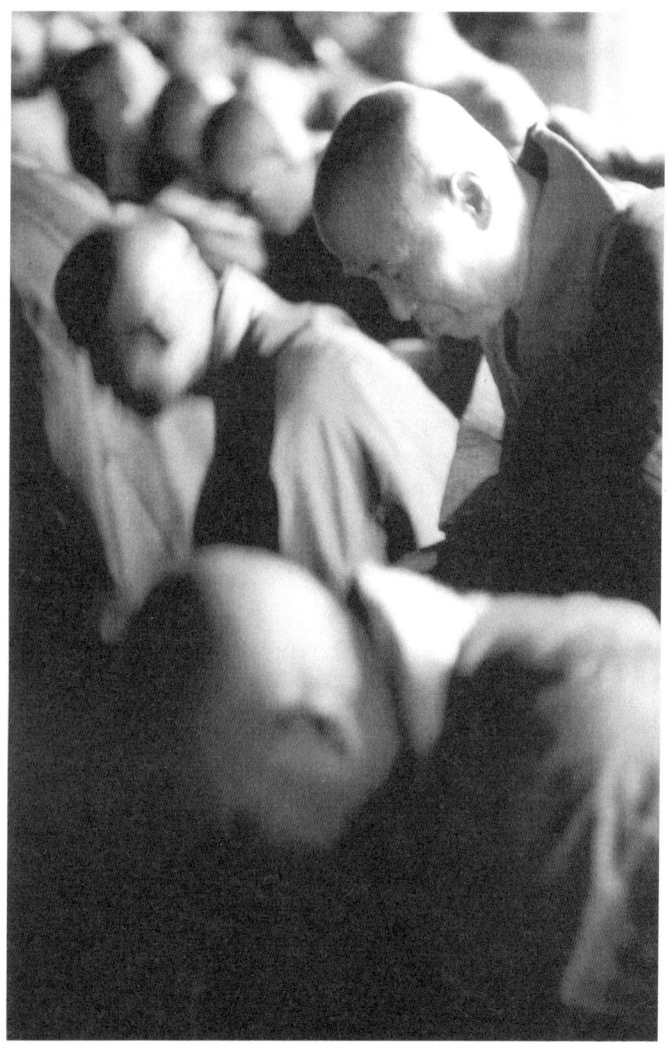

시비와 선악이 본래 공하고

– 1986년, 서의현 총무원장 취임식

시비와 선악이 본래 공하고
마군과 제불이 원시동체입니다.

생사열반은 꿈속의 꿈이요
이해득실은 거품 위의 거품입니다.

진여의 둥근 달이 휘황찬란하여
억천만겁 변함없이
일체를 밝게 비춰니
사바가 곧 정토입니다.

물거품인 이해득실을 단연히 버리고

영원한 진여의 둥근 달을
항상 바라보며 나아갑시다.

만법이 청정하여
청정이란 이름조차 찾아볼 수 없으니
가없는 이 법계에
거룩한 부처님들로 가득 차 있습니다.

들판의 괭이소리 공장의 기계소리
함께 같이 태평가를 노래하니
푸른 언덕 잔디 위에
황금빛 꽃사슴이 즐겁게 뛰놉니다.

영원한 종소리

– 1987년 1월 1일, 신년법어

장엄한 법당에서 우렁찬 종소리

새벽하늘을 진동하니,

꿈속을 헤매는 모든 생명들이

일제히 잠을 깹니다.

찬란한 아침 해가

동녘 하늘을 붉게 물들이니,

빨리 눈을 뜨고 이 종소리를 들으소서.

영원과 무한을 노래하는

이 맑은 종소리는

시방세계에 널리 퍼져서

항상 계속되어 그침이 없습니다.

이 종소리는
천지가 생기기 전이나 없어진 후에나
모든 존재들이 절대임을 알려줍니다.

이 종소리는
아무리 악독한 생명이라도
본디 거룩한 부처임을 알려줍니다.

무서운 호랑이와 온순한 멍멍이는
이 종소리에 발을 맞추어
같이 춤을 춥니다.
독사와 청개구리, 고양이와 생쥐들이
이 종소리에 장단 맞춰
함께 즐겁게 뛰놉니다.

피부 빛깔과 인종의 구별없이
늙은이·젊은이·아이·어른·남자·여자

잘 사는 사람·가난한 사람
모두 함께 뭉쳐서 이 종소리를 찬미합니다.

아무리 극한된 대립이라도
이 종소리 한 번 울리면,
반목과 갈등은 자취없이 사라지고,
깨끗한 본모습을 도로 찾아
서로서로 얼싸안고 부모형제가 됩니다.

이 신비한 종소리를 들으소서.
나무장승 노래하고 돌사람 달음질합니다.
넓은 우주의 모든 존재들이
이 종소리에 흥겨워서 즐겁게 뛰노니,
천당과 극락은 부끄러운 이름입니다.

이 거룩한 종소리를 듣지 못함은
갖가지 욕심들이
두 귀를 막고 있기 때문입니다.
일시적인 갖가지 욕심을 버리고

이 영원한 종소리를 들으소서.

광대무변한 우주 속의 우리 지구는
극히 미소하여, 먼 곳에서는 보이지도 않습니다.
여기에서 모든 성현·재사·영웅·호걸들이
서로 뽐내니, 참으로 우스운 일입니다.

진시황의 육국 통일,
알렉산더, 나폴레옹의 세계 정벌 등은
거품 위의 거품이라 허황하기 짝이 없습니다.

자기 욕심에 사로잡혀
분별없이 날뛰는 이들이여!
허망한 꿈속의 부질없는 욕심을 버리고
이 영원한 종소리를 들으소서.

맑은 하늘 둥근 달빛 속에
쌍쌍이 날아가는 기러기소리 우리를 축복하니,
평화와 자유의 메아리 우주에 넘쳐흐릅니다.

사탄의 거룩한 본 모습

– 1987년 음 4월 8일, 초파일법어

사탄이여! 어서 오십시오.
나는 당신을 존경하며 예배합니다.
당신은 본래로 거룩한 부처입니다.

사탄과 부처란 허망한 거짓 이름일 뿐
본모습은 추호도 다름이 없습니다.

사람들은 당신을 미워하고 싫어하지만
그것은 당신을 모르기 때문입니다.

당신이 부처인 줄 알 때에
착한 생각 악한 생각

미운 마음 고운 마음 모두 사라지고
거룩한 부처의 모습만 뚜렷이 보게 됩니다.

그리하여 악마와 성인을
다같이 부처로 스승으로 부모로 섬기게 됩니다.

여기에서는 모든 대립과 갈등은 다 없어지고
이 세계는 본래로
가장 안락하고 행복한 세계임을 알게 됩니다.

일체의 불행과 불안은 본래 없으니
오로지 우리의 생각에 있을 뿐입니다.

우리가 나아갈 가장 근본적인 길은
거룩한 부처인
당신의 본모습을 바로 보는 것입니다.

당신을 부처로 바로 볼 때에
온 세계는

본래 부처로 충만해 있음을 알게 됩니다.

더러운 뻘밭 속에서
아름다운 연꽃이 가득 피어 있으니
참으로 장관입니다.

아! 이 얼마나 거룩한 진리입니까.
이 진리를 두고
어디에서 따로 진리를 구하겠습니까.

이 밖에서 진리를 찾으면
물속에서 물을 찾는 것과 같습니다.

당신을 부처로 바로 볼 때
인생의 모든 문제는 근본적으로 해결됩니다.

선과 악으로 모든 것을 상대할 때
거기에서 지옥이 불타게 됩니다.

선·악의 대립이 사라지고
선·악이 융화상통할 때에
시방세계에 가득히 피어 있는
연꽃을 바라보게 됩니다.

연꽃마다 부처요,
극락세계 아님이 없으니
이는 사탄의 거룩한 본모습을 바로 볼 때입니다.

남을 돕는 것이 나를 돕는 것

- 1988년 1월 1일, 신년법어

부처님의 아들 딸

영원한 해탈의 길에서 자유합니다.

공자님의 아들 딸

대동성세大同聖世에 요순을 노래합니다.

예수님의 아들 딸

무구한 영광이 충만합니다.

마호메트님의 아들 딸

지극한 복락을 마음껏 누리십니다.

세계는 한 집이요, 인류는 한 몸입니다.
너와 나의 분별은 부질없는 생각이니
국토와 인종의 차별을 버리고
남의 종교를 내 종교로 받들며
남의 나라를 내 나라로 생각합시다.

남을 해치는 것은 나를 해치는 것이요,
남을 돕는 것은 나를 돕는 것입니다.
병든 사람 만나거든 내 몸같이 보살피고
고통 받는 이 찾아오면 정성 다해 살펴 줍시다.

애국애족으로 위장한 사리사욕은
참으로 무섭습니다.
저마다 사리사욕을 버리고
깨끗한 마음으로 서로 도우며 서로 믿고
서로 존경하며 서로 사랑하며
서로 화합합시다.
남과 나를 다 잊고서 한가히 앉았으니
눈 속의 매화꽃 고운 향기 진동하네.

인간은 모두 지고지선한 존재이니

- 1988년 음 4월 8일, 초파일법어

산과 들에 꽃이 피고
나무마다 새가 우니
어허! 좋을시고
사월이라 초파일,
부처님 오신 날입니다.

부처님은 중생이 본래로 성불한 것,
즉 인간의 절대적 존엄성을 알려 주려고
이 세상에 오셨습니다.

인간의 절대성은
부처님이 오시기 전이나 오신 뒤에라도

추호도 변함이 없는 진리이며,
이 진리는
부처님이 오시거나 오시지 않는 데에 관계없는
우주의 근본원리입니다.

부처님께서는 인간들이 이 절대성을 모르고
꿈결같이 살고 있기 때문에
대명천지大明天地의 이 절대성을
가르쳐 주었을 뿐입니다.

인간의 절대성은
남녀, 노유老幼, 귀천 할 것 없이
평등하여 선악, 시비 등의 구분이 없습니다.

그러므로 아무리 악하고 천한 사람이라도
인간은 모두
지고지선至高至善한 절대적 존재이니,
이것이 부처님께서 고창高唱하신
본래의 성불입니다.

아무리 악한 상대라도 성인으로 섬기며,
아무리 천한 인간이라도 부모로 모셔서
서로 존경하며 서로 사랑하여야 합니다.

서로 싸우고 침해하는 것은
본연의 절대성을 모르기 때문입니다.
서로의 본연성을 알고 보면
싸우려야 싸울 수 없으며,
해치려야 해칠 수 없습니다.

다만, 서로 존경하며 사랑할 뿐이라
태평성세의 낙향樂鄕은
이를 두고 하는 말입니다.

털끝만한 이해를 가지고
세상이 시끄럽게 싸우지 맙시다.

이 이해관계는 허망한 꿈속의 일이니,
넓은 바다 위에 떠도는 물거품보다 못한 것입니다.

우리는 그 물거품을 보지 말고
넓은 바다만을 봅시다.

만고불변인 본래성불의 진리는
설사 허공이 무너지는 날이 있어도
이 진리는 변함이 없어서
인간에게 주어진 지상至上의 행복입니다.

이 진리는 항상 우리의 눈앞에 펼쳐져 있으므로
우리가 알고 보면
본래성불인 자기들의 생일을 온 우주가
다함께 입을 모아 축하한다 하여도 부족합니다.

마루 밑의 멍멍이, 외양간의 얼룩이,
나는 새, 기는 짐승,
서 있는 바위, 흐르는 물,
늙은이 젊은이
모두 함께 입을 열어
자기들의 생일을 축복합시다.

발 아래를 보고 발 아래를 보라

– 1988년 11월 23일, 해인사 겨울수련회 시 법어

만길 봉우리 앞에 들말 달리고
천길 바다 밑에 진흙소 소리치니
산호가지 위에 햇빛이 밝고 밝으며
흰학이 허공에 높이 나는도다.

발 아래를 보고 발 아래를 보라
달마의 한 종파가 땅을 쓸어 다하고
기이하고 기이하니
공자의 삼천 제자가 다 염불하는도다.

이가 낭군과 박가 아씨는 서울 거리에서 춤추고
개미와 모기는 연화대 위에 있는도다.

가을바람이 불어 단풍잎을 흩으니

울타리 가 누런 국화는

맑은 향기를 토하는도다.

훔훔

임제가 놀라서 입을 크게 벌리니

늙은 호랑이

사슴왕의 머리를 깨물어 부수는도다.

일체 중생의 행복을 축하합니다

- 1989년 1월 1일, 신년법어

오래도록 잠 못 이루며
손꼽아 기다리던 설날이 왔습니다.

깨끗한 몸으로 새 옷 갈아입고
시방세계에 가득히 항상 계시는
모든 부처님께
정성을 다하여 예배 올리며,
일체 중생의 행복을 축하합니다.

할아버지·할머니·아버지·어머니
모든 어른들께 큰절 올리며
새해를 축하합니다.

언니·동생·아들·딸들에게
새해를 축하합니다.

높은 하늘은 아버지로
넓은 땅은 어머니로 삼고,
다 같이 살아가는 우리는
한집안 식구이며 한 형제입니다.

나의 어른을 존경함으로써
남의 어른을 존경하며,
나의 자제를 사랑함으로써
남의 자제를 사랑합니다.

나의 나라를 아낌으로써
남의 나라를 아끼며,
나의 종교를 존중함으로써
남의 종교를 존중합니다.

나와 너는 한 몸으로 본래 없는 것이거늘.

사람들은 쓸데없이 나와 너의 분별을 일으킵니다.

나만을 소중히 여기고 남을 해치면
싸움의 지옥이 벌어지고,
나와 남이 한 몸임을 깨달아서
남을 나처럼 소중히 한다면,
곳곳마다 연꽃이 가득 핀
극락세계가 열립니다.

극락과 천당은 다른 곳에 있지 않고,
남을 나처럼 소중히 여기는
한마음에 있습니다.

눈을 아무리 크게 뜨고 하늘을 우러러보아도,
천당과 극락은 하늘 위에 있지 않습니다.

우리가 걸어다니는 발밑이
곧 천당이요, 극락이나
다만 서로 존경하고 서로 사랑함으로써

영원무한한 행복의 새해가 열립니다.

우리는 꿈속 같은 한때의 허영을 버리고
영원한 행복의 길로 나아갑시다.

나는 새, 기는 벌레도 극락세계의 한가족이며,
서 있는 바위, 흐르는 물도
다 함께 영원을 노래합니다.

흑인종·황인종·백인종이 서로 손잡고,
회교·예수교·불교 한마음으로
영원을 찬미하고 무한함을 기리며,
절대성의 동산에 함께 모여
새해를 축복하고 찬양합시다.

통일을 바라며

- 1989년 3월 1일, 종교인연합회 법어

산 좋고 물 맑으며

무궁화 가득 핀 삼천리 강토에

둥근 해가 높이 떠서

육천만 머리 위에 두루두루 비치니

백두산에서 이는 바람

천왕봉에서 소리치고,

한강에서 노는 오리

대동강에서 헤엄치며,

명사십리 기러기떼

제주에서 춤을 추네.

만방의 자랑이며

구주九州의 영광인

배달의 성자신손聖子神孫이

천하에 둘도 없는 아름다운 낙토樂土에서

대대로 융성하여 천만 년을 살아오며

한핏줄의 따슨 정을 오순도순 나누었거늘.

오늘 나라가

남과 북으로 갈라섬을

조상들이 아실까봐 두렵고도 두렵구나.

눈앞에 일시적인 이해를 훨훨 털어보세.

신의주에서 아침 먹고

서귀포서 낮잠 자며

경포대서 술 마시고

부벽루에서 놀이하세.

삼천리 곳곳마다 조상들 자취 분명하고

금수강산 우리 국토 조상 얼굴 뚜렷하구나.

공장마다 들려오는 우렁찬 기계 소리
세계의 자랑이요,
넓은 들의 황금물결 우리의 보고일세.

감로수로 빚은 술을
오색 잔에 가득 부어
서로서로 권할 적에
흥겨워 노래하며 저절로 춤을 추니
도원의 옛 동산도 무색하기 짝이 없네.
한라산에 솟은 달이 천지못에 비치우니

어허라! 좋을시고
삼천리 한땅이요 칠천만이 한형제이니
한려수도 돌아보고 만물상을 구경가세.

부처님은 항상 지옥에 계십니다

– 1989년 음 4월 8일, 초파일법어

천상천하에 독존무비獨尊無比한
부처님의 처소는
험악하고도 무서운 저 지옥이니,
지옥에서 온갖 고통받고 신음하는
모든 중생들의 그 고통을 대신 받고,
그들을 안락한 곳으로 모시며
그들을 돕기 위하여
부처님은 항상 지옥에 계십니다.

부처님은
남의 고통을 대신 받는 것을
가장 큰 기쁨으로 삼습니다.

부처님은
지옥에서 고통받는 이들을
부모로 모시고 가장 존경하며
정성을 다하여 지극히 섬기고 받듭니다.

이는 부처님이 베푸는 자비가 아니요
부처님의 길이며 생활입니다.

부처님은
험하고 어려운 곳만을 찾아다닙니다.

부처님은
어둡고 더러운 곳만을 찾아다닙니다.

부처님은
괄시받고 버림받는 이들만을 찾아다닙니다.

부처님의 부처는 고통받는 중생들이니
그들이 아니면 부처가 필요없습니다.

부처님은
그들을 효자가 부모 모시듯 정성으로 섬깁니다.

설사 그들이 부처님을 여러 가지로
해롭게 하더라도 더욱 존경하며 더욱 잘 받듭니다.

과거세에 부처님이 깊은 산중을 가시다가
호랑이가 새끼를 낳고 먹을 것이 없어서
죽어 가는 것을 보시고,
자기 몸을 던져 호랑이에게 먹혀
그들을 살렸습니다.

이렇게 부처님은 흉년에는 곡식이 되고
질병에는 약초가 되어
자기 몸을 바쳐서 중생을 구합니다.

이 숭고하고도 거룩한 부처님의 행동은
천고만고에 길이 빛나고 있습니다.

대저 천당과 지옥은
어리석은 생각으로 일어나는 환상이니,
마음의 눈을 떠서 바른 지혜를 가지면
이 환상은 저절로 없어집니다.

그때에는 전체가 부처이며
전체가 태평하여
천당과 지옥이라는 이름도 찾아볼 수 없습니다.

그러나 잠을 깨지 못하면 꿈이 계속되듯이,
마음의 눈을 뜨지 못하면
중생이 끝없이 계속되므로
참으로 안타까운 일입니다.

이러한 중생계가 한이 없으니
부처님의 지옥생활도 끝이 없습니다.
오늘도 내일도 중생계가 다할 때까지.

유등의 참뜻은 무명의 타파에 있으니

— 1989년 10월 13일, 한강연등대법회 법어

오늘 한강의 유등축제는
인류의 무명을 밝히는
지혜의 불등佛燈입니다.

유유히 만고에 흐르는 한강수는
이 나라 단군
개국 성조聖祖의 천의天意를 담고
반만년 이 나라
영고성쇠의 민족혼을 읊조리며
삼천리 금수강산의 약동하는 동맥으로
순간도 휴식 없이 영원히 흐르고 있습니다.

오늘을 사는 많은 인류들은
눈부신 문화를 구축하여
높고 풍요로운 물질과 편리한 이기로
지구를 주름잡고 화려하게 살고 있으면서도
그 어느 때보다도
초조불안의 늪에서
공포에 떨고 있는 것입니다.

이것은 바로
무명의 그림자가 가려서
진정한 눈을
뜨지 못한 데서 기인한 것입니다.

오늘 문화인은
욕망의 갈등에서 헤어나지 못하고
피아상彼我相 생사상生死相 신인상神人相 등
상대적인 이율배반의 이원적인 데서
초탈하지 못하고 있는
절름발이 문화라 할 수밖에 없습니다.

이런 현실에서 불타사상,

즉 인아人我의 사상四想을 깨뜨리고

불이법不二法인 원융무애한

동체대비의 자비사상이 아니고는

만유의 쟁투가 끊어진

진정한 평화와 인류 행복은

찾을 길이 없습니다.

이러한 불타사상을 밝혀서

인류무명人類無明을 소멸시키는

지혜의 등불을 유등流燈하면서

시방제불 보살의 가호와

개국성조의 증명과 제국성신諸國聖神과

천룡팔부의 두호로

국운이 크게 열려서

남북이 평화롭게 동일되고

모든 인류가 무명을 타파하고

미몽을 깨게 하는

정성어린 유등의 참뜻을 성취해야 하겠습니다.

그래서 오늘 우리 국가사회가
반목이 사라져서 투쟁이 종식을
상부상조하는 기풍이 진작되어
아름다웠던 우리의 전통미풍이
살아나 삼천리 강토 방방곡곡에
태평가를 불러 봅시다.

본마음

- 1990년 1월 1일, 신년법어

우리는 모두가
깨끗하고 빛나는 넓은 마음을
가지고 있어서
천추만고에 영원히 변함이 없습니다.

설사 천 개의 해가 일시에 떠올라도
이 빛보다 밝지 못하나니,
이것을 본마음이라고 합니다.

넓고 가없는 우주도
본마음에 비하면,
본마음은 바다와 같고

우주는 바다 위에 떠 있는
좁쌀 하나만 합니다.

이 본마음은 생각으로도 미치지 못하고
말로써도 형용할 수 없으니,
이러한 보물을 가지고 있는 우리는
영광 중의 영광입니다.

이 마음에는
일체의 지혜와 무한한 덕행이
원만구족하여 있으니,
이것을 자연지自然智라고 합니다.
이 자연지는 개개가 구비한
무진장의 보고입니다.

이 보고의 문을 열면
지덕을 완비한 출격대장부가 되나니,
이것이 인간 존엄의 극치입니다.
세상 사람들은 이 보고를 모르고

고인들의 조박糟粕인 언어,

문자에서만 찾고 있으니

얼음 속에서 불을 찾음과 같습니다.

이 마음은 거울과 같아서

아무리 오랫동안 때가 묻고 먼지가 앉아 있어도

때만 닦아내면

본거울 그대로 깨끗합니다.

그리고 때가 묻어 있을 때나 때가 없을 때나

거울 그 자체는 조금도 변함없음과 같습니다.

금가루가 아무리 좋아도

거울 위에 앉으면 때가 되어서

거울에는 큰 장애입니다.

그리하여 성현들의 금옥 같은 말씀들도

이 거울에게는 때가 되어

본마음은 도리어 어두워집니다.

그러므로 깨끗하고 밝은 본마음을 보려면
성인도 닦아내고 악마도 털어 버려야 합니다.

더욱이 각 종교의 절대적 권위인
교조들의 말씀은
본마음에 가장 큰 장애와 병폐가 되나니,
불교를 믿는 사람은 석가를 버리고
예수를 믿는 사람은 예수를 버려야 합니다.

그리하여 석가·공자·노자·예수 할 것 없이
성인 악마를 다 버리고 닦아내면
푸른 허공과 같이 깨끗하게 되나니,
이 허공까지 부수어 버려야
본마음을 봅니다.

과거의 성인들을 너무 집착하여
이를 버리지 못하면
본마음에 이보다 더 큰 병폐와 장애가 없으니,
이것을 독약같이 버려야

참다운 지혜와 영원한 자유가 있으며
우리의 본마음을 볼 수 있으니
석가·예수·공자·노자를
원수같이 털어 버려야만 합니다.

이들이 본마음에 때가 됨은
악마와 같아서
이를 버리지 못하면
본마음은 점점 더 캄캄하여집니다.

오직 우리의 본마음을 보기 위하여
석가·예수를 빨리 털어 버립시다.

어허!
석가·예수는 누구인가?
성인 악마 다 잊고서 홀로 앉아 있으니
산 위에 솟은 달은 더욱더 빛이 나며
담 밑에 국화꽃은 향기롭게 짝이 없네.

일체를 존경합시다

– 1990년 5월 1일, 불교방송 개국 축하법회 법어

일체를 존경합시다.

일체가

부처님 아님이 없습니다.

그러므로

일체를 부처님으로 받들고

스승으로 섬기며 부모로 모십시다.

우주의 유형무형이

이 법문을 항상 설하여

이 말씀이 우주에 가득 차 있습니다.

모두들 귀가 있든 없든 간에

이 법문을 항상 듣고 있습니다.

더욱이 불교방송을 통하여
이 법문을 전하게 되니
참으로 금상첨화입니다.

모든 가치는
말씀에 있지 않고
그 실천에 있으니
우리 모두 선악과 시비를 초월하여
일체를 존경하여야 합니다.

푸른 허공에서 반짝이는
별님들과 둥근 달님도
쉴 새 없이
벽력 같은 소리로
항시 이 말씀을 외치고 있습니다.

일체를 존경합시다.

장엄한 세계를 보라

– 1990년 음 4월 8일, 초파일법어

가없는 우주로 집을 삼고

한없이 많은 만물들은 형제되어

호수백발皓首白髮의 노부모를 모시고

사이좋게 살아가니,

전체가 평등하며 낱낱이 완전합니다.

모두가 뛰어난 예지를 갖추고

거룩한 덕행이 원만하여

천상천하에 독존무비獨尊無比한

본래불本來佛이라 이름하나니,

이 숭고한 장엄은 설사 산천초목이

전부 입이 되어 이 광경을 찬미한다 하여도

다하지 못합니다.

푸른 허공의 찬란한 별들은 형님이요,
맑은 바다에 출렁이는 물결들은 아우입니다.

나는 새, 기는 벌레,
사나운 짐승, 온순한 양떼가 형제 아님이 없으니,
작은 생쥐와 날쌘 고양이, 독사와 개구리가
한 집에서 형제로 살아가니,
참으로 장한 일입니다.

아침마다 붉은 해는 동쪽에서 비추고
밤마다 둥근 달은 서쪽에 떠 있으니,
시냇물은 노래하고
산 위의 바위들은 덩실덩실 춤추며,
환희에 넘쳐 있는 우주를 찬미합니다.

봄이 되면 붉은 꽃은 아름다움을 자랑하고
가을이면 기러기 소리 좋은 풍악을 연주합니다.

여름의 푸른 숲 깊은 곳에서는
황금빛 꾀꼬리 목소리를 뽐내며,
겨울이면
펄펄 날리는 눈보라의 꽃송이가 우주를 뒤덮으니,
앞뒤에서 정답게 손잡고 가는
거룩한 본래 부처님들 지극히 만족해합니다.

넓은 가을 들판에 출렁이는 황금물결은
부처님들의 공양구요
깊은 골짜기에서 졸졸 흘러내리는 맑은 물은
일체를 해갈시키는
무상無上의 감로수입니다.

이 감로수를 백옥 잔에 가득 부어
부모조상 형제자매 서로 권할 적에,
붉은 머리 흰 학들은 앞뜰에서 춤을 추고
아롱진 꽃사슴은 흥을 못 이겨
녹음방초 뒷동산에 뛰어노니,
극락이 어디인고 천당이 부끄럽다!

성현달사 악마요부聖賢達士 惡魔妖婦가

본래불의 마음으로 무생곡無生曲을 합주합니다.

고금古今의 영웅 가운데 영웅으로

추앙받는 나폴레옹도

절해의 고혼孤魂이 되었고,

만리장성 높이 쌓아 올려

천만세를 누리려는 진시황의 일대제국도

몇 년 안에 풍전등화로 사라졌으니,

부귀허영富貴虛榮의 꿈을 안고

이리저리 날뛰는 어리석은 무리들이여!

눈을 들어 본래불의 장엄한 세계를 바라봅시다.

부처는 공자의 아버지요

공자는 부처의 아버지이며,

노자 속에 예수 있고

예수 속에 노자 있습니다.

서로가 부모형제 되어 일체가 융화하여

시비장단是非長短이 떨어졌으니,
아무리 싸우려 하여도 싸울 수 없습니다.

조그마한 오물에서
무한한 광명이 일어나니
크나큰 우주를 다 비추고 남습니다.

현미경이라야 볼 수 있는
극미소한 먼지가
광대한 세계를 다 삼키는데,
그 세계는 먼지의 일부분에도
다 차지 않습니다.

여기에서는 국토나 인종과
피부 색깔의 구분도 없이
오직 호호탕탕浩浩蕩蕩한 불국토가 있을 뿐이니,
흑백시비와 선악투쟁은
어젯밤 꿈속의 일들입니다.

어허! 좋을시고,

본래불의 우리나라

영원에서 영원이 다하도록 영광이 충만하리로다.

마른 나무 꽃을 피고

무소 말이 소리치니 천지가 진동하는데

보리밭의 종달새는 봄소식을 자랑합니다.

일체는 융화요, 만법은 평등

- 1991년 1월 1일, 신년법어

붉은 해가 높이 솟아
시방세계를 밝게 비추니
남극의 펭귄과 북극의 곰들이
떼를 지어 환호합니다.

붉은 해가 푸른 허공에 빛나
험준한 산과 아름다운 꽃밭을 골고루 비추니
암흑이란 찾아볼 수 없으며
오직 광명만이 가득 차 있습니다.

이에 일체가 융화하고 만법이 평등하여
바다 밑에서 불꽃이 훨훨 타오르고

불꽃 속에 얼음기둥이 우뚝 솟아 있습니다.

악마와 부처가 한 몸이요,
공자와 노자가 함께 가며
태평가를 높이 부르니
희유한 성인 세상이란 이를 말함입니다.

금강산 일만이천봉은
봉우리마다 연꽃송이요,
낙동강 칠백리는 굽이굽이 풍악입니다.

향기 가득한 황금독의 물을
앞집의 장 선생과 뒷집의 이 선생이
백옥잔에 가득 부어 서로서로 권할 적에
외양간의 송아지와 우리 속의 돼지가
함께 춤을 추니 참으로 장관입니다.

때때옷의 저 친구들은
앞뜰에서 뛰놀고

녹의홍상의 아가씨는
뒷마당에서 노래하니,
섰는 바위 흐르는 물은
흥을 못 이겨서 환희곡을 합주합니다.

고양이 님은 쥐를 업고
토끼 씨는 사자를 타고
삼오야 밝은 달에 노래하며 춤을 추니
반짝이는 별님들은 웃으며 축복합니다.

광대무변한 대천세계 속에 티끌 같은 지구상의
성인 달사와 영웅호걸들이여!
만리장성 높이 쌓고 천만세를 장담하던
진나라 시황제도 풀 끝의 이슬이요,
천군만마를 질타하며 세계를 짓밟던
나폴레옹도 절해의 고혼이니,
다시 무엇을 그다지도 뽐내며 구구해 하는가.
한바탕 웃음거리로다.

일천 부처와 일만 조사는

붉은 화로 위의 한 송이 눈이로다.

한숨 자고 머리를 들어보니

지는 해가 푸른 산에 걸렸구나.

칠흑 같은 어둠 사라지고

– 1992년 음 4월 8일, 초파일법어

난타가 피운 한 잔의 기름등은
오늘도 타오르고 있습니다.

우리들이 피운 과거의 등불도
오늘도 밝게 빛나고 미래에도 빛날 것입니다.

허공보다 넓고 바다보다 깊으며
청정무구한 우리들의 마음속에
타오르는 등불은 삼라만상을 밝게 비추니
칠흑 같은 어둠은 사라지고
환희의 세계가 열리고 있습니다.

만문억호萬門億戶에 걸린 연등이
너울너울 춤추고
호접胡蝶은 꽃밭으로 달려가는데
꾀꼬리 풍악이 속진을 녹입니다.

생일을 맞은 부처님보다
뭇 중생이 더욱 즐겁습니다.

본래 부처님이 중생 위해 사바에 오셨으니
중생이 즐거워하는 것은 당연한 것이요,
부처님도 중생으로 와서 부처 되었으니
오늘은 중생들의 생일입니다.

이는 곧 중생이 부처라는 말이요,
천지일근 만물일체天地一根 萬物一體로서
일체중생은 평등하고 존귀한 것입니다.

일체가 평등하면
대보살이 항아리 속에 앉아 있어도

바람 탄 배가 만리창파를 헤쳐가듯
평화와 자유가 공존하는 세상이 열릴 것입니다.

팔만대장경 속의 부처님 말씀 전체가
평등평화 그리고 자유가 그 요체입니다.

허망한 꿈속에 꿈틀거리는 개체의
욕망과 거짓의 먼지를 털어 버리고
너와 내가 형제 되어
잘난 사람도 못난 사람도,
재물이 있는 사람도 재물이 없는 사람도,
권력이 있는 사람도 권력이 없는 사람도
사월이라 초파일!
우리들의 생일을 맞이하여
모두가 감로수에 흠뻑 젖어 봅시다.

이웃에게 기쁜 마음으로 자비를

- 1993년 1월 1일, 신년법어

꼬끼요!
금계 은계가 새벽바람을 가르니
찬란한 아침해가
티없이 맑은 동녘 하늘을
황금빛으로 물들이고
잠들었던 삼라만상이 일시에 깨어납니다.

저기 떠오르는 한 덩어리 붉은 태양은
만유를 휩싸고 시방세계를 삼키고 토하니
우리 어찌 밝은 날에
부지런히 일하지 않을 수 있습니까?

농촌에서는
농부들의 밭가는 소몰이 소리가 요란하고,
공장에서는 망치소리,
바다에서는 어부들의 그물 내리는 노래가
아름답습니다.

잘 살고 못 사는 게
김 서방 박 서방 탓이 아니라
본래 마음자리에 부귀가 있고 선악이 있으니
부질없이 일어나는 분별심을 지우고
행복의 노래를 불러내야 합니다.

이제 세계는 한 덩어리가 되었으니
50억 인구는 한 형제요 자매입니다.

내가 벌어서 없이 사는 형제에게 주고
헐벗은 자매에게 나눠주니,
어허라 좋을시고.
이 밖에 더 기쁜 일이 또 어디 있는가.

서로 만나 서로 보고 허허 웃으니
사계가 꽃피는 봄뿐입니다.

시방세계에 드리워졌던 어둠이 걷히고
광명의 빛과 소리가 들립니다.

귀머거리가 우레 소리를 듣고,
장님이 구름 속 번갯불을 보고,
앉은뱅이가 일어나 너울너울 춤을 춥니다.

지옥과 천당 문이 박살나고
백옥 뜰 앞에 금새가 춤추고
황금집 위에 옥닭이 훼를 치니
커다란 백옥 잔에 감로수를 가득 부어
다 함께 마십시다.

더불어 사는 세상을 만들자

– 1993년 음 4월 8일, 초파일법어

행복이 다가오는 소리가 들립니다.

미소를 머금은 행복이

당신의 문을 두드립니다.

삼계가 두루 열리고

작약과 수련 활짝 핀 앞뜰에

벌과 나비가 춤추고,

건너 산에서 꾀꼬리 소리 요란한데,

어찌 몽환 속에 피는 공화空華를

혼자서 잡으려 애를 씁니까.

더불어 재미있게 사는 세상을 만들어 봅시다.

높이 떠올랐던 화살도

기운이 다하면 땅에 떨어지고,

피었던 잎도 떨어지면 뿌리로 돌아갑니다.

이를 들어 연緣이니라,

윤회니라,

인과니라 합니다.

만물은 원래부터 한 뿌리이기 때문입니다.

시비선악도

본래 하나에서 시작된 것이어서

이를 가른다는 것은

마음속에 타오르는 불기둥을 끄려고

대해수大海水를 다 마시려는 것과 같습니다.

사바에 사는 모든 사람들도 원래가 하나요,

더불어 잘사는 세상을 만들기 위해서는

시비선악의 분별심이 없어져야 하는 것입니다.

사바의 참모습은
수억만년 동안 비춰주는 해와 같고
티없이 맑은 창공과 같아 청정한 것인데
분별심을 일으키는 마음에서
하나가 열이 되고 열이 백이 되고,
그로써 욕심과 고통이 일어나는 것입니다.

이웃을 나로 보고 내가 이웃이 되고,
열이 하나가 되고, 백도 하나가 되는
융화의 중도를 바로 보고
분별의 고집을 버립시다.

모두가 분별심을 버리고
더불어 하나가 되어
삼대처럼 많이 누워 있는 병든 사람을 일으키고
본래 청정한 사바세계를 이룹시다.

공자·맹자·예수·부처 거룩한 이름에
시비를 논하지 말고,

부처님 생신날
다 함께 스스로 자축합시다.

산은 산이요
물은 물이로다

초판 발행일	2006년 1월 20일
개정판 4쇄 발행일	2024년 11월 27일
지은이	퇴옹 성철
엮은이	원택
발행인	여무의(원택)
발행처	도서출판 장경각
등록번호	합천 제1호
등록일자	1987년 11월 30일
본사	경남 합천군 가야면 해인사길 118-116 해인사 백련암
서울사무소	서울시 종로구 삼봉로 81(수송동, 두산위브파빌리온) 1232호
	전화 (02)2198-5372
	홈페이지 www.sungchol.org
편집 · 교정	선연

© 2016, 장경각

ISBN 978-89-93904-75-8   03220

값 6,000원

※ 이 책에 실린 내용은 무단으로 복제하거나 전재할 수 없습니다.
※ 잘못된 책은 교환해 드립니다.

※ 이 도서의 국립중앙도서관 출판예정도서목록(CIP)은 서지정보유통지원시스템 홈페이지(http://seoji.nl.go.kr)와 국가자료공동목록시스템(http://www.nl.go.kr/kolisnet)에서 이용하실 수 있습니다.
(CIP제어번호 : CIP2016017731)